이광연 글

성균관대학교에서는 박사를, 미국 와이오밍 주립대학교에서는 박사후과정을 마친 뒤
아이오와대학교에서 방문교수를 지냈어요. 지금은 한서대학교 수학과 교수로 있으며,
중·고등학교 수학 교과서 집필에 참여했지요. 역사, 신화, 영화 등 다양한 분야에서 수학 원리를
끌어내는 글과 강연을 통해 수학이 우리 생활과 밀접하게 맞닿아 있음을 알려 왔어요.
지은 책으로는 《미술관에 간 수학자》, 《웃기는 수학이지 뭐야!》, 《밥상에 오른 수학》,
《신화 속 수학 이야기》, 《수학자들의 전쟁》, 《멋진 세상을 만든 수학》, 《이광연의 수학 블로그》,
《비하인드 수학파일》, 《이광연의 오늘의 수학》, 《시네마 수학》, 《수학, 인문으로 수를 읽다》,
《수학, 세계사를 만나다》 등이 있어요.

최향숙 글

고등학교 때까지는 수학을 엄청나게 싫어했어요. 하지만 대학에 와서, 수학책을 펴 들었어요.
논리적이고 체계적인 사고를 하고 싶은데, 수학 공부가 도움이 될 거라고 생각했거든요.
그때부터 심심할 때 수학 문제를 풀었고, 그러면서 수학이 좋아졌어요. 이 경험을 어린이들과
나누고 싶어서 수학을 접목한 동화도 기획하고 《눈높이 수학 학습 동화》와 같은 책을 썼어요.
《황당하지만 수학입니다》에도 참여하게 되었지요. 수학 분야 외에 기획하고 쓴 책으로는
《엉뚱하지만 과학입니다》, 《넥스트 레벨》 등의 시리즈와 《우글 와글 미생물을 찾아봐》,
《탄소제로 특공대 지구 똥구멍을 막아라》와 같은 단행본이 있어요.

정민영 그림

안녕하세요. 삽화가 정민영입니다. 때론 재미있고 때론 조금 어려운 생각과 글이
한 장의 그림으로 '짠!' 하고 보이는 순간이 즐거워 그림을 그리게 되었습니다.
《황당하지만 수학입니다 ② 하루에 거짓말 몇 번이나 하니?》에 이어
9권으로 여러분을 또 만나게 돼서 정말 기뻐요.
《십대를 위한 경제 교과서》, 《보통의 우리가 알아야 할 과학》,
《중학 독서평설》에서도 제 그림을 만날 수 있답니다.

와이즈만 영재교육연구소 감수

창의 영재수학과 창의 영재과학 교재 및 프로그램을 개발했습니다.
구성주의 이론에 입각한 교수학습 이론과 창의성 이론 및 선진교육 이론 연구 등에도
전념하고 있습니다. 국내 최고의 사설 영재교육 기관인 와이즈만 영재교육에
교육 콘텐츠를 제공하고 교사 교육을 담당하고 있습니다.

❾ 스파게티에 수학이 들어간다고?

와이즈만 BOOKs

1판 1쇄 인쇄 2025년 5월 20일 | 1판 1쇄 발행 2025년 6월 10일

글 이광연 최향숙 | **그림** 정민영 | **감수** 와이즈만 영재교육연구소
발행처 와이즈만 BOOKs | **발행인** 염만숙 | **출판사업본부장** 김현정 | **편집** 김예지 양다운 이지웅
기획·진행 CASA LIBRO | **디자인 포맷** SALT&PEPPER Communications
디자인 퍼플페이퍼 | **마케팅** 강윤현 백미영 장하라

출판등록 1998년 7월 23일 제1998-000170 | **제조국** 대한민국
주소 서울특별시 서초구 남부순환로 2219 나노빌딩 5층
전화 마케팅 02-2033-8987 | **편집** 02-2033-8928 | **팩스** 02-3474-1411
전자우편 books@askwhy.co.kr | **홈페이지** mindalive.co.kr | **사용 연령** 8세 이상
ISBN 979-11-92936-69-7 74410 979-11-90744-79-9(세트)

ⓒ2025, 이광연 최향숙 정민영 CASA LIBRO
이 책의 저작권은 이광연, 최향숙, 정민영, CASA LIBRO에게 있습니다.
저자와 출판사의 허락 없이 내용의 일부를 인용하거나 발췌하는 것을 금합니다.

잘못된 책은 구입처에서 바꿔 드립니다.

와이즈만 BOOKs는 (주)창의와탐구의 출판 브랜드입니다.
KC마크는 이 제품이 공통안전기준에 적합하였음을 의미합니다.

황당하지만 수학입니다

9 스파게티에 수학이 들어간다고?

이광연·최향숙 글 | 정민영 그림
와이즈만 영재교육연구소 감수

수학 좋아하니?

'수학' 하면 벌써 머릿속이 하얗게 되고 진땀부터 난다고?
그런데 잠깐 생각해 보자. 여러분이 좋아하는 게임을 할 때
무턱대고 한다고 좋은 점수를 얻기 힘들잖아.
나름의 전략과 전술이 필요한데
그건 여러분을 진땀 나게 하는 수학과 관련이 깊어.
우리는 수학에 둘러싸여 살아가지만 정작 이것들이 수학인지
알지 못할 뿐이지.

여러분 머릿속에 떠오르는 많은 생각과 궁금증에 대한 답이
모두 수학이 기본이라면 믿어져?
'설마 이것도 수학이야?'라는 생각이 들 정도로
수학은 우리 주변에서 우리와 함께 살고 있어.
우리가 수학에 조금만 더 다가가고 이해한다면
세상을 바라보는 시야를 넓힐 수 있어.

발명과 발견 속 수학을 알아볼까?

그래서 이 책에서는 수학을 이용하면 쉽게 이해되는
여러 가지를 살펴보려고 해.
《황당하지만 수학입니다》 1~5권은 이그노벨상 수상자들의 연구를
수와 연산, 패턴, 규칙성과 함수, 통계, 도형과 측정 다섯 분야로
나누어 알아봤지. 지금부터는 우리 주변의 흥미로운 주제를
황당하지만 재미있고 쉬운 수학 이야기로 풀어 보려고 해.

초등학생 친구들이 가장 흥미로워 하는 다섯 가지 주제를 뽑았지.
그 네 번째는 바로 '발명과 발견'이야. 연필은 왜 육각기둥일까?
자동차 타이어 무늬에도 수학이 있을까? 병뚜껑과 삼각형은 무슨
상관일까?…… 아주 작은 생활 소품 발명부터 우주의 발견까지
마치 탐험가가 된 듯 차근차근 살펴보면 수학으로 답을 찾을 수 있어.
어쩌면 여러분을 꼭 닮은 친구 '나'와 언제 어디서든 수학하는
'파이쌤'과 함께, 황당하지만 재미있고 쉬운 수학의 세계로 들어가 보자고.

차례

1 **연필이 다시 보여!** ··· 9
   연필이 육각기둥인 이유 ································ 13

2 **타이어가 다 거기서 거기지!** ························ 17
   우리는 수학을 탄다! ···································· 21

3 **병뚜껑의 비밀** ·· 25
   병뚜껑에 담긴 21과 삼각형 ·························· 29

4 **지도가 왜 이래?** ··· 33
   수학 없인 못 그릴 지도! ······························ 37

5 **스파게티에 필요한 수학 한 스푼!** ················ 41
   요리는 위대한 발명 ···································· 45

6 　다음엔 초록불, 그다음엔 좌회전! ················· 49
　　복잡한 신호등도 수학이 해결사! ····························· 53

7 　자율 학습을 15분 일찍 끝내는 방법 ············· 57
　　시계는 수학이 발명했어! ····································· 61

8 　자전거에 뭐가 빠졌을까? ························· 65
　　수학을 장착한 자전거 ·· 69

9 　네가 어디 있는지 나는 다 알아! ················· 73
　　위치는 수학이 잘 찾아! ······································ 77

10 　우주는 어떤 모양일까? ··························· 81
　　우주 탐험가, 수학! ··· 85

　　교과 연계가 궁금해요　　　　　　　　　　　89
　　용어가 궁금해요　　　　　　　　　　　　　90
　　이것도 수학이에요　　　　　　　　　　　　91

주인공이 궁금해요

파 이 쌤

먹는 파이도 아니고 와이파이도 아닌 무한소수 원주율 파이(π)처럼 **무한한 호기심을 가진 수학 덕후.** 수학이 있는 곳이라면 어디든 언제라도 떠날 수 있도록 늘 작은 캐리어를 끌고 다닌다.

나

누가 봐도 우리 동네 최고의 참견쟁이. 호기심 가득, 실행력은 으뜸! **솔직히 수학은 잘 못한다.**

1
연필이 다시 보여!

파이쌤 댁에서 숙제를 할 때였어.
샤프심이 똑 떨어졌지 뭐야!
쌤께 샤프심을 달랬더니, 연필을 주시는 거야.

"항상 연필만 쓰는 건 아닌데!"
맞아, 볼펜도 쓰고 때로는 만년필도 쓰시지.
하지만 난 못 들은 척 투덜거렸어.

쌤의 말처럼 연필을 써서일까?
아까보다 문제가 훨씬 잘 풀리는 거야!
그러자 쌤 책상 위 연필들이 다시 보이는 거 있지!

쌤이 고개를 가로저으셨어.
"연필의 형태는 정육각형이 아니라 정육각기둥. 가로 단면이 정육각형이고."
"아, 맞다!"
내가 고개를 끄덕이자, 쌤이 이러셨어.
"원기둥이나 삼각기둥 형태의 연필도 있지만 연필은 대부분 정육각기둥 형태로 만들어."
"왜요?"

연필이 육각기둥인 이유

오늘날과 같은 연필은 1795년, 프랑스 사람 니콜라 자크 콩테(1755~1805년)가 발명했어.
16세기부터 사람들은 흑연을 나무나 천으로 감싸서 썼는데, 콩테는 흑연과 점토를 섞어 굳혀서 심을 만들었지.
그러면 흑연을 적게 사용할 수 있을 뿐만 아니라 경도를 조절하기도 좋았거든.

연필은 19세기 중반부터 공장에서 대량 생산되기 시작해서 지금도 수많은 회사에서 연필을 생산하고 있어.

그런데 연필 모양은 대부분 **정육각기둥** 모양이야.

원기둥이나 정삼각기둥 혹은 정사각기둥 연필은 별로 없지.

연필을 정육각기둥 모양으로 만들면?
원기둥처럼 잘 굴러다니지 않아.
나무도 절약할 수 있지.
정육각기둥의 가로 단면인 **정육각형**은
평면을 완벽히 채울 수 있어.
정육각형과 원이 평면을 채울 때를 비교해 봐!

원 사이사이 생기는 빈틈에
해당하는 나무는 버려지지만,
정육각형은 빈틈이 없어
버리는 나무도 없겠네요!

게다가 정육각형은 정삼각형 6개를 붙여 놓은 형태라서, 외부로부터 들어오는 힘을 잘 분산해.
그만큼 튼튼하다는 거지.
이처럼 우리가 만날 쓰는 연필을 만드는 데도 **도형의 성질**을 이용하고 있어.
수학이 얼마나 흔히 쓰이는지 알 수 있겠지?

2
타이어가
다 거기서 거기지!

엄마가 백화점에 신발을 사러 간대.
나는 재빨리 엄마를 따라나섰지.
"내가 골라 줄게요!"
"어머, 네가 웬일이니! 그러면 고맙지!"

엄마는 이 신발 저 신발 신어 보며 물었어.
"이거 어때? 저게 나은가?"
나는 입에서 흘러나오는 대로 대꾸했지.
"응, 좋아요! 그것도 괜찮아!"
그러자 엄마가 콧방귀를 뀌었어.
"네 속셈 모를까 봐?
엄마 신발 고르는 데 최선을 다하지 않았으니
아이스크림도 없어!"
엄마는 신발만 사고 횡하니 집으로 갔어.

파이쌤은 마침 자동차 타이어를 바꾸러 가신대.
이번엔 쌤을 따라나섰지.
쌤은 자동차 타이어 가게에서 사장님과 상담을 했어.
아주 오랫동안!
"타이어가 다 까맣고 둥글지 뭐!"
기다리다가 짜증이 난 나는 구시렁댔지.
그러다 타이어 교체를 위해 리프트에 올려진
자동차를 봤는데 타이어 바닥 모양이 다른 거야!
"어라? 타이어 바닥 무늬가 왜 다르지?"

"쌤, 타이어 바닥 면 모양이 왜 달라요?"
내 질문에 쌤이 싱긋 웃으셨어.
"왜 그럴까? 네 생각을 말해 볼래?"
나는 곰곰이 생각하다 이렇게 대답했어.
"타이어를 만드는 회사가 달라서 그런가?
모양만 봐도 제조사를 알도록요!"
쌤은 고개를 끄덕이셨어.
"그럴 수도 있지만 수학적인 연구 결과이기도 해!"

파이쌤이 알려 주마

우리는 수학을 탄다!

공기를 주입하는 **타이어**는 1845년 처음 개발됐어.
자전거에 부착되면서 대중화됐지.
그리고 1891년, 프랑스의 미슐랭 형제가
자동차에 탈착하는 공기 주입식 타이어를 발명했어.
덕분에 타이어 교체를 쉽고 빠르게 할 수 있게 됐지.

눈사람처럼 생긴 마스코트 본 적 있니? 미슐랭 형제가 만든 타이어를 대표하는 캐릭터야.

타이어 바닥 면 모양을 **트레드 패턴**이라고 하는데,
트레드는 타이어에서 길거리 노면과 맞닿는 부분이야.
이 트레드 패턴을 만드는 데에도 수학이 쓰여.
일단 '선대칭'과 '점대칭' 개념이 필요해.
먼저 **선대칭**은 어떤 직선(대칭축)으로 접었을 때
똑같은 모양으로 겹치는 것을 말해.

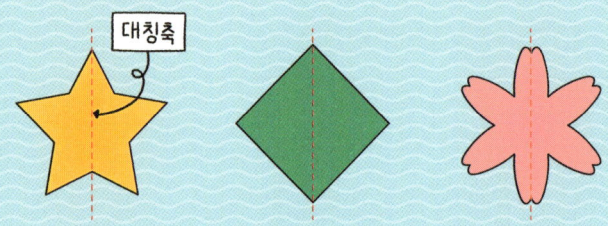

점대칭은 한 점을 중심으로 180도 돌렸을 때
처음 모양과 같아지는 것을 말해.
이런 도형을 점대칭 도형이라고 하고,
이때의 한 점은 대칭의 중심이라고 해.

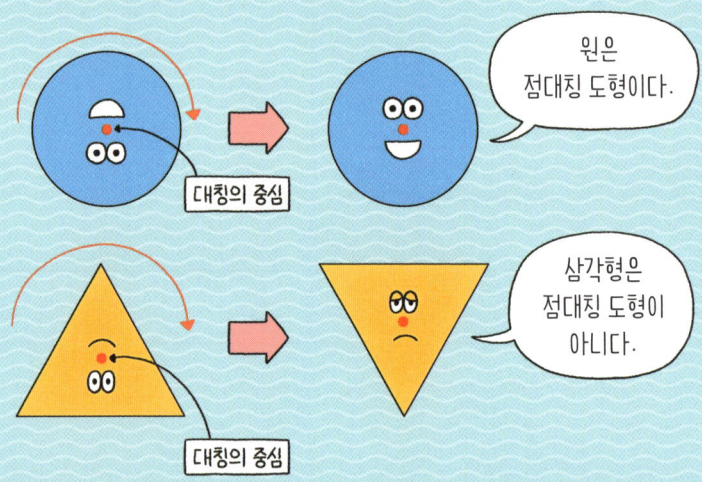

자동차 타이어 제조 회사들은
트레드 패턴을 어떻게 디자인할지 연구해.
선을 얼마나 굵고 깊게 새겨야 할지
곡선을 쓸지, 직선을 쓸지 등에 따라
자동차 탑승자가 느끼는 안전함과 편안함이 달라지거든.
이때 필요한 게 또 수학이야.
직선과 곡선을 어디에 어떻게,
어느 정도의 굵기와 깊이로 조합할지를 알아낼 때도
수학의 *최적화 기법을 이용해.

자동차 타이어 바닥 면 모양이 수학이라니! 우리는 수학을 타고 다니는 거네요!

그러고 보니 그렇네!

*책 마지막 장에서 더 자세한 정보를 확인해 보세요.

3
병뚜껑의 비밀

"아유 더워, 콜라 마셔야지."
냉장고 앞에 섰는데 문득 친구 우주의 말이 떠올랐어.
'눈을 가리고 먹으면, 콜라와 사이다를 구분할 수 없대!'
말도 안 된다고 했지만, 궁금하긴 해.

"야! 네가 따르고 네가 먹는데,
어떻게 콜라와 사이다를 구별 못 하냐?"
형의 말에 나는 안대를 벗었어.
"그러네! 그럼 난 안대를 하고 있을 테니까
형이 좀 따라 줘."
하지만 형은 들은 체도 않고 방으로 들어가 버렸어.
쳇, 형이 그럼 그렇지.

잠깐 화장실을 다녀오려고 일어서다가……
무릎으로 병뚜껑을 디디는 바람에 눈물이 찔끔 났어!
그러다 병뚜껑을 자세히 보게 됐는데
상표만 빼면 어떤 게 콜라 병뚜껑인지,
어떤 게 사이다 병뚜껑인지 구별이 가지 않았어.
구불구불한 톱니의 개수까지 똑같았어.
21개로!

"콜라와 사이다를 만드는 회사가 같아요?
병뚜껑이 똑같이 생겼더라고요.
톱니도 21개씩 똑같고!"
내 질문에 답은 안 해 주고 쌤이 엉뚱한 얘기만 하셨어.
"요즘엔 콜라나 사이다나 주로 캔에 든 걸 먹지만,
나 어렸을 때는 병에 든 걸 주로 마셨는데."
쌤이 웃으며 말을 이었어.
"병뚜껑 톱니가 21개인 건 정삼각형과 관련이 있어!"

병뚜껑에 담긴 21과 삼각형

콜라나 사이다의 병뚜껑을 보면
왕관 같은 모양의 톱니가 있어.
이런 병뚜껑은 1892년, 미국의 윌리엄 페인터가 만들었지.
병에 든 상한 음료를 먹고 식중독에 걸린 페인터는
병 속 내용물이 상하지 않는 병뚜껑을 개발하기로 했어.
몇 번의 시행착오 끝에
톱니가 나 있는 왕관 모양의 병뚜껑을 발명했어.

페인터는 병 입구에 원 모양의 뚜껑을 올린 뒤
톱니 모양을 찍어 병뚜껑을 만들기 시작했어.
같은 간격으로 톱니를 찍으려는데,
병뚜껑 하나에 **톱니를 몇 개나 넣을지**가 문제였어.
페인터는 원이 360°라는 성질을 이용하기로 했어.
360의 약수를 구하려고 했지.
그런데 360의 약수는 너무 많았어.
생각 끝에 페인터는
원 안에 정삼각형을 그려 톱니를 만들기 시작했어.
정삼각형의 꼭짓점은 3개이고, 3은 360의 약수잖아.

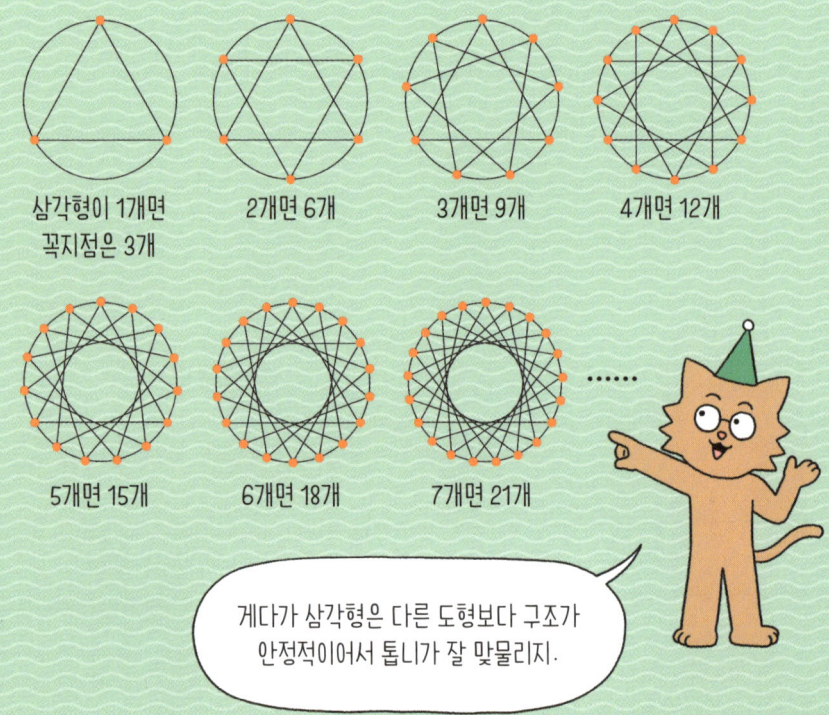

삼각형이 1개면 꼭지점은 3개 | 2개면 6개 | 3개면 9개 | 4개면 12개

5개면 15개 | 6개면 18개 | 7개면 21개 ······

게다가 삼각형은 다른 도형보다 구조가 안정적이어서 톱니가 잘 맞물리지.

마침내 페인터는 정삼각형 8개를 돌려가며 병뚜껑에 24개의 톱니를 만들었어. 뚜껑이 가스의 압력을 견디면서도 병뚜껑을 딸 때 힘이 많이 들지 않았거든.

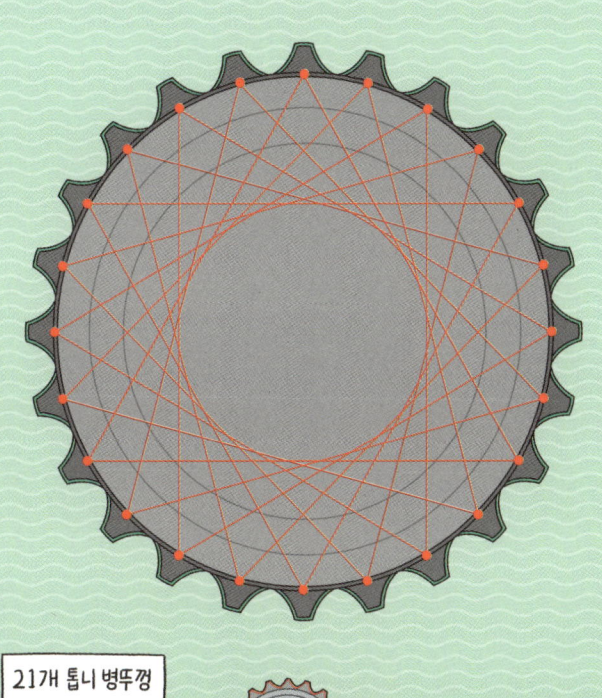

21개 톱니 병뚜껑

24개의 톱니가 달린 페인터의 병뚜껑은 1930년대까지 사용되었지만, 포장 과정에서 자주 불량이 생기는 바람에 21개의 톱니가 달린 병뚜껑이 널리 쓰이게 됐어.

이처럼 **원과 삼각형의 성질을 이용**하고
포장 과정상의 편의까지 고려하여,
최적의 톱니 개수가 21로 정해졌어.
그래서 콜라나 사이다와 같은 탄산음료 뚜껑이
회사가 달라도 같은 모양인 거야.

4
지도가 왜 이래?

오늘은 우주랑 아영이랑 동네를 돌아다녔어.
'우리 동네 지도 그리기' 숙제를 해야 했거든.

참다못한 아영이가 우주와 내게 소리쳤지.
"따라와!"
우리는 입을 꾹 다물고 따라갔고,
아영이가 시키는 대로 메모를 하고, 그림을 그렸어.
그런 다음 파이쌤 댁으로 몰려가서 지도를 그렸지.

거의 다 그렸다고 생각했을 때,
뭔가 잘못되었다는 느낌이 들었어.
우주는 인상을 쓰고, 아영이는 한숨을 내쉬었어.
"우리 동네가 학교보다 훨씬 넓은데,
 우리가 그린 지도에는 학교가 너무 넓네!"

"쌤! 왜 우리는 이렇게 지도를 그린 걸까요?"
내가 울먹이자 쌤은 재밌다는 듯 대답했지.
"지도를 그릴 때는 수학적인 사고가 필요한데,
너희는 그런 생각을 하지 못한 것 같아."
우주가 인상을 찌푸리며 물었어.
"지도 그리기에도 수학이 필요해요?"
쌤은 고개를 끄덕이셨어.
"그럼! 수학 없이는 지도를 그릴 수 없어!"

파이쌤이 알려 주마
수학 없인 못 그릴 지도!

지도가 발명된 건 아주 오래전 일이야.
고대 이집트와 메소포타미아 시기부터
지도를 제작했다고 하니까!
이집트의 나일강과 *메소포타미아의 티그리스-유프라테스강
이 범람하고 나면 땅의 경계가 흐려지기 일쑤였어.
그래서 홍수가 나기 전 모양대로 다시
경계를 짓기 위해 지도를 만들기 시작한 거야.

이 지도대로 다시 경계를 나눠 농사를 짓도록 하라!

네!

지도는 이처럼 땅의 모양을 그대로 평면에 옮겨 그린 거야.
넓은 땅을 한눈에 살피려면 크기를 줄여 그려야겠지?
지도를 그릴 때 땅을 축소한 비율을 '축척'이라고 해.

축척은 '도형의 닮음'을 이용해.
한 도형을 일정한 비율로 확대하거나 축소해
다른 도형과 합동이 될 때,
이 두 도형은 '서로 닮았다'라고 해.
도형을 축소하거나 확대하는 과정에서
넓이만 줄어들거나 늘어나는 것이 아니라
**모든 길이가 일정한 비율인 닮음비로
줄어들거나 늘어나게 되지.**

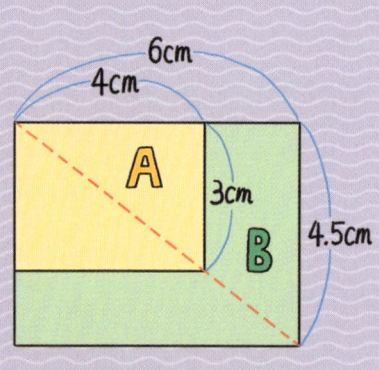

가로 4 : 6 = 2 : 3
세로 3 : 4.5 = 2 : 3

인쇄된 지도에 1:1,000이나 1:50,000과 같은 비가
표시되어 있지?
이 비가 바로 축척, 즉 지도와 실제 땅 길이의 닮음비야.
1:1,000은 지도에서 1센티미터가 실제로는
1,000센티미터를 나타낸다는 뜻이야.
1:50,000은 지도에서 1센티미터가 실제로는
50,000센티미터를 나타낸다는 뜻이지.

지도의 요 부분이
실제로는 이만큼이구나!

축척은 $\frac{1}{1000}$ 이나 $\frac{1}{50000}$ 과 같이 분수로도 나타내.
이는 실제 거리를 지도에는 $\frac{1}{1000}$, $\frac{1}{50000}$ 로 줄였다는
뜻이야.

이처럼 지도는 **닮음비**를 이용해서
실제 땅의 모양을 종이 위에 그대로 **축소**해 놓는 거야.
그런데 한 장의 지도에서 축척을 뒤섞어 쓰면 어떻게 될까?
동쪽은 1:100의 축척으로 그렸는데
서쪽은 1:10,000의 축척으로 그렸다면,
동쪽 땅이 서쪽보다 100배 넓어 보일 거야!
그런 지도가 지도로서의 역할을 제대로 할 수 있을까?

5
스파게티에 필요한 수학 한 스푼!

파이쌤이 요즘 요리에 푹 빠지셨어.
날마다 새로운 요리 개발에
몰두하신다니까.
문제는 솜씨가 영…….

내가 새로 개발한 스파게티야. 식기 전에 얼른 먹어 봐!

쌤 요리는 진짜 꽝인데…….

나는 마지못해 포크로 스파게티를 떴어.
그런데 스파게티 면이 납작한 거야!
"무슨 스파게티가 이래요?"
"응, 링귀니라서 그래."
"링귀니요?"
내가 고개를 갸웃하자 쌤은 셰프처럼 설명하셨어.
"오늘의 메인 요리에는 '링귀니'라는 납작한 면을 썼습니다."

쌤이 거듭거듭 권하는 바람에
내키지는 않지만,
큰마음을 먹고 눈을 꾹 감고 포크를 입에 가져갔어.
그런데 웬일! 너무 맛있는 거야!
"와! 이렇게 맛있는 스파게티는 처음이에요!"
나는 한 그릇을 뚝딱 게 눈 감추듯 비우고
쌤을 향해 빈 그릇을 내밀었어.

나는 두 번째 그릇도 뚝딱 비우고는
감탄한 듯 말했어.
"쌤, 진짜 제가 먹어 본 스파게티 중 최고예요!
요리 솜씨가 갑자기 좋아졌네요.
요리 학원 다니셨어요?"
"요리 학원은 무슨?"
쌤은 싱긋 웃으며 이렇게 말씀하시는 거야.
"수학을 한 스푼 넣었더니, 맛있는 스파게티가 되네!"

우리가 날마다 먹는 음식을 '발명'이라고 생각하기는 쉽지 않아.
항상 먹는 거라서 뭔가 기발해 보이지 않으니까.
하지만 **요리는 발명과 아주 깊은 관련**이 있어.
지금처럼 냉동, 냉장 기술이 발달하지 않았을 때
음식을 오래 보관할 방법을 찾는 건
생존과 직결된 '발명'이었어.
또 음식에서 더 많은 영양을 섭취할 수 있는 조리법 개발은
적은 양으로 큰 효율을 내기 위한 '발명'이었지.

사람들은 아주 오래전부터 면으로 음식을 만들어 먹었어.
스파게티도 이탈리아의 전통 면 요리지.
이탈리아에서 면 요리는 대개 '파스타'라고도 불러.
파스타에 다양한 종류의 면 요리가 포함되거든.
스파게티는 스파게티 면으로 만든 파스타의 한 종류인 셈이지.

스파게티가 워낙 유명해서 이탈리아 면 요리를 '스파게티'라고 불렀던 거구나. 앞으로는 '파스타'라고 불러야지!

이렇게 **면의 종류**가 다양한 까닭은 면의 모양에 따라 요리할 때 장단점이 생기기 때문이야. 그 장단점은 **도형의 성질**로부터 비롯되지. 원은 면적 대비 둘레가 가장 작은 도형이잖아?

같은 둘레의 원과 직사각형

원

둘레 : (반지름+반지름)×원주율
   =(1+1)×3.14=6.28cm

면적 : (반지름×반지름)×원주율
   = 1×1×3.14 = 3.14 cm^2

직사각형(옆 원과 같은 둘레)

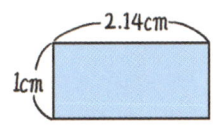

둘레 : 2×(가로 길이+세로 길이)
   =2×(1+2.14)=6.28cm

면적 : 가로길이×세로길이
   = 1×2.14 = 2.14 cm^2

> 따라서 원과 직사각형의 성질 때문에 같은 양의 면이라면, 스파게티보다 링귀니에 소스가 더 많이 묻게 돼.

푸실리처럼 나선형 모양의 면 표면은
링귀니 모양 면보다 더 많은 소스가 묻을 수 있어.
펜네처럼 속이 뻥 뚫린 면도 마찬가지지!
따라서 파스타 요리를 할 때는
소스에 따라 적당한 면을 사용해야 더 맛있게 만들 수 있어.
둘레와 **면적**은 삶는 **시간**에도 영향을 미쳐.
그래서 파스타 요리를 할 때,
면에 따라 삶는 시간도 달리 하면
더 맛있는 파스타를 만들 수 있지.

6
다음엔 초록불, 그다음엔 좌회전!

엄마랑 차를 타고 가는 길이었어.
교차로에서 신호를 기다리고 있던 엄마에게
나는 이렇게 말했지.

좌회전할 준비하세요.

제법이네!

"이게 다 관찰력이 뛰어나기 때문이죠!"
내가 으스대며 말했지.
신호등의 불빛이 규칙적으로 바뀐다는 걸 깨달았거든.
교차로에서는 직진할 수 있는 초록색 불이 들어온 뒤
항상 좌회전 신호가 들어왔다고!
나는 그걸 엄마한테 알려 준 것뿐이지.
그런데…….

교차론데 초록불 다음에 빨간불로 바뀌다니!
"아 진짜! 이러면 곤란하지."
나는 한숨을 쉬며 주머니에서 핸드폰을 꺼냈어.
"핸드폰은 뭐 하려고?"
엄마의 말에 나는 잘난 척하며 대답했지.
"신호등이 망가졌는데, 보고만 있어요?
얼른 고치라고 신고해야지!"

그날 저녁, 나는 파이쌤께 엄마의 행동을 일렀지.
"엄마가 말리는 바람에 못 했다니까요!"
그런데 쌤이 엄마랑 같은 말씀을 하시는 거야.
"그 신호등은 고장이 아니야.
괜히 장난 전화로 오해만 받았을걸."
나는 발끈했지.
"그 신호등이 규칙적으로 움직이지 않았다니까요!"
쌤이 한숨을 내쉬셨어.
"신호등이 움직이는 규칙이 어디 한 가지뿐이겠니?"

파이쌤이 알려 주마

복잡한 신호등도 수학이 해결사!

신호등은 교통 흐름을 원활하게 하고 사고를
방지하기 위해 만들었어. 1896년, 영국에서 처음 이용했는데
이때는 ***가스등**으로 진행과 정지 신호를 알렸대.
1914년에는 전기 신호등이 발명됐고,
1920년부터는 초록-노랑-빨강 삼색 신호등을 쓰기 시작했어.
자동 신호등은 1923년에 발명됐지.
신호등의 기본 원리는 **수학적 규칙성**에 있어.

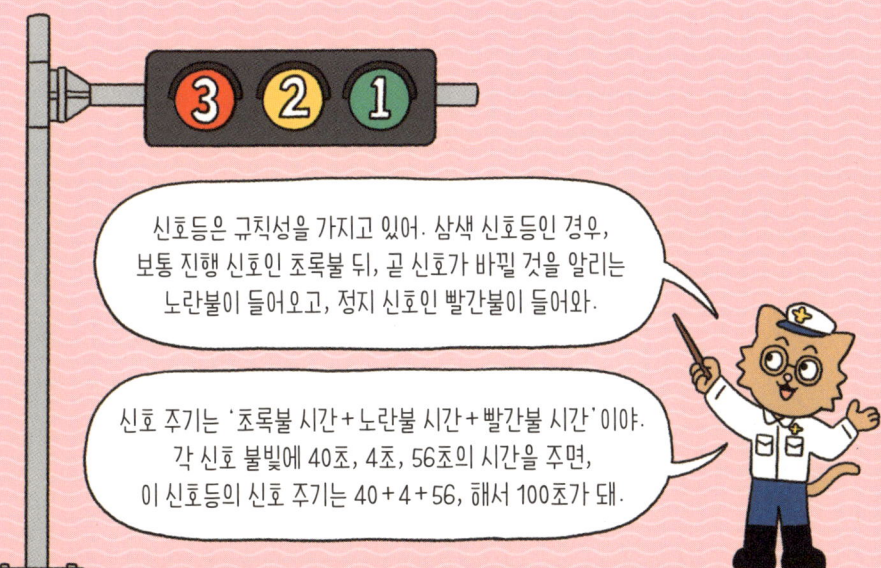

신호등은 규칙성을 가지고 있어. 삼색 신호등인 경우, 보통 진행 신호인 초록불 뒤, 곧 신호가 바뀔 것을 알리는 노란불이 들어오고, 정지 신호인 빨간불이 들어와.

신호 주기는 '초록불 시간 + 노란불 시간 + 빨간불 시간'이야. 각 신호 불빛에 40초, 4초, 56초의 시간을 주면, 이 신호등의 신호 주기는 40 + 4 + 56, 해서 100초가 돼.

이 규칙성과 신호 주기가 항상 똑같이 적용되지는 않아.
교통량이 많은데 진행 신호가 너무 짧으면
차량 정체가 발생하고,
교통량이 적은데 진행 신호가 너무 길면
길을 건너야 하는 사람들의 대기 시간이 너무 길어지잖아?
효율적으로 교통 흐름을 통제하려고 만든 신호등이
오히려 교통의 흐름을 막게 되는 거야. 그래서
**신호등의 규칙성과 신호 주기는
도로 상황, 교통량 등을 고려**해서 정해져.

자동차를 위한 신호등뿐만 아니라
보행자를 위한 신호등에도 수학이 쓰여.
보행자가 횡단보도를 건너는 초록불의 시간을
계산할 때도 수학이 쓰이거든.
이 정도 계산은 우리도 할 수 있어!

보행자 신호 시간 공식

보행 신호 시간 = 횡단보도 길이 ÷ 보행 속도

보통 사람들은 1초에 1.2미터를 걸어 가. 횡단보도의 길이가 12미터라면 신호등에 초록불이 10초는 들어와야 해. 실제 신호 시간은 여기에 2~3초를 더 더해 정해지지.

신호 시스템은 1950년대 컴퓨터가 도입되며
효율적으로 발전했어. 각종 센서와 CCTV 등으로
교통량을 확인하고 나아가 AI까지 이용하면서
교통량을 더 빠르고 효율적으로 계산할 수 있게 됐지.
이때는 **통계와 확률, 최적화 이론**과 같은
우리가 대학 아니, 그 이상의 공부를 해야 알 수 있는
최첨단 수학이 쓰이지.
오늘날의 신호등은 이런 수학을 통해
효율적으로 운영되고 있어.
덕분에 교통 체증을 30퍼센트 이상 줄일 수도 있다고 해.

7
자율 학습을 15분 일찍 끝내는 방법

우리 수학 학원은 다 좋아. 원장 쌤만 빼고.
원장 쌤은 수업이 다 끝났는데도, 꼭 1시간씩 더 우리를
잡아 두거든. 그래서 엄마한테 말했지!

점잖게 자율 학습을 뺄 수 없다는 걸 깨달은 나는
한 가지 꾀를 냈어.
다음 날, 나는 시계를 10분 빠르게 해 놨어.
그리고 자율 학습이 끝나는 4시에 알람이 울리도록 했지.

그다음 날, 나는 5분을 더 빼기로 했어.
시계를 15분 빠르게 하고, 4시에 알람을 맞춘 거야.
그리고 내 시계는 4시가 되자 딱 맞춰 울었고
나는 알람이 울자마자 벌떡 일어났지.

"어제 조금 일찍 끝난 것 같다고 생각하셨을 텐데,
오늘은 더 일찍 끝난 것 같았으니······.
원장 선생님이 속으실 리 없지."
파이쌤이 키득키득 웃었어.
그러자 원장 쌤이 웃으며 하신 말씀이 생각났어.
"그런데 왜 수학 선생님한테
시계 갖고 장난친다고 화내셨을까요?
수학 선생님한테는 시계 갖고 장난치면 안 돼요?"

시계는 탄생부터 수학과 관련이 깊어.
하루를 오전과 오후 각각 12시간으로,
또 1시간을 60분으로, 1분을 60초로 나눈 것은
12와 60이 약수가 많기 때문이거든.
약수는 어떤 수를 나누어떨어지게 하는 수야.
그래서 12의 약수는 1, 2, 3, 4, 6, 12 총 6개고
60의 약수는 1, 2, 3, 4, 5, 6, 10, 12, 15, 20, 30, 60 총 12개야.
이렇게 **약수가 많으면 나눌 방법이 많아서 편리**해.

낮의 $\frac{1}{2}$는 피라미드를 쌓게 하고,
나머지 $\frac{1}{2}$는 밀을 추수하게 하지.

3등분해서 $\frac{1}{3}$은 피라미드를 쌓고,
$\frac{1}{3}$은 추수를 하고, 나머지 $\frac{1}{3}$은 신전을
짓게 하는 게 어떻겠습니까?

오랫동안 사람들은 정확한 시각을 알 수 없었어.
그저 태양의 움직임에 따라
대략적인 시간대를 아는 정도였지.
그런데 중세 유럽, 기독교가 널리 퍼지면서
교회는 사람들에게 예배할 시각을 알려 줘야 했어.
수도사들은 시각을 정확히 알 수 있는
시계 만들기에 몰두했지.
그래서 기계식 시계가 발명됐어.

17세기, 네덜란드의 수학자이자 물리학자인
크리스티안 호이겐스(1629~1695년)는 기계식 시계에
*사이클로이드를 이용하기 시작했어.
사이클로이드 위에서 운동하는 물체는
언제나 같은 시간에 끝에서 끝까지 왕복할 수 있어.
호이겐스는 이 성질을 이용해 사이클로이드 위를 왕복하는
시계의 진자를 개발했어. 덕분에 하루 오차가
20분 이내일 정도로 정확한 시계를 만들 수 있었어.

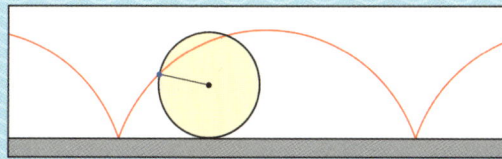

기계식 시계와 사이클로이드

원을 직선 위에서 굴렸을 때, 원 위의 한 점은 여기 빨간 선과 같은 곡선을 그려. 이 선이 사이클로이드인데, '굴렁쇠선'이라고도 해.

오늘날 가장 정확한 시계는 *세슘 원자를 이용한
원자 시계야. 이 시계는 세슘 원자가 흡수하는 전자기파가
91억 9,263만 1,770번 진동했을 때에 걸리는 시간을
1초로 정하고 있지.
시계가 정확해지는 만큼
사람들의 시간에 대한 감도 발달하는 걸까?
너희 수학 학원 원장 쌤처럼
시계를 보지 않고도 1시간이 지났는지,
45분이 지났는지 느끼는 사람들이 있으니 말이야.

8
자전거에 뭐가 빠졌을까?

"야호~ 자전거 박물관이다!"
오늘은 파이쌤과 자전거 박물관에 갔어.
박물관에는 맨 처음 발명된 자전거와
앞으로 타게 될 자전거까지 모두 전시되어 있었어.

박물관에서 본 자전거 가운데
가장 먼저 내 눈을 사로잡은 건, 최초의 자전거였어.

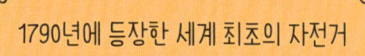
1790년에 등장한 세계 최초의 자전거

어? 페달이 없는데 어떻게 움직여요?

사람이 두 발로 밀어서 움직이는 거야. 그러면 바퀴가 움직여서 힘을 덜 들이고 빨리 이동할 수 있었지.

이후 페달이 달린 자전거가 발명됐대.
페달을 이용해서 바퀴를 돌리는 거지.

체인 말고 또 뭐가 없지?
내가 말하길 기다리던 쌤이 이렇게 물었어.
"톱니바퀴가 없지 않니?"
"아! 맞다!"
"그 톱니바퀴를 기어라고 하는데,
수학적으로 만들어진 기어가 자전거에 연결되면서
오늘날과 같은 자전거가 발명된 거야."
나는 고개를 갸웃했어.
"자전거 기어를 수학으로 만들어요?"

수학을 장착한 자전거

기어(gear)는 '톱니'라는 뜻이야.
여러 기계에 널리 사용되는 부품이지.
사람들은 아주 오래전부터 기어를 이용했어.
기어를 이용하면 떨어져 있는 물체를 움직이게 하거나
방향을 바꿀 수 있었거든.

수차가 움직이면 **기어1**이 회전하면서 나선식 펌프와 연결된 **기어2**를 돌려. 또 **기어3**도 움직이고, 이때 맷돌과 연결된 **기어4**가 움직이며 맷돌이 회전하지. 이처럼 기어는 하나의 힘으로 여러 기구를 움직일 수 있어.

기어는 또한 적은 힘으로 큰일을 할 수 있게 해.
그래서 자전거에 기어를 장착한 거야.
초기의 자전거는 페달이 앞바퀴에 달려 있었어.
페달을 굴리면 앞바퀴가 돌아, 자전거가 움직였지.
그래서 앞바퀴를 크게 만들었어.
바퀴가 클수록 한 번 페달을 굴려 갈 수 있는 거리가
늘어나니까. 하지만 바퀴가 클수록 많은 힘이 들었어.

바퀴가 크면 페달을 한 번 밟을 때 더 먼 거리를 이동하지만 그만큼 힘이 들어.

그래서 페달과 뒷바퀴에 기어를 장착하고
기다란 체인으로 연결했어.
페달을 돌리면 페달에 연결된 앞쪽 기어가 움직이고
앞쪽 기어에 연결된 체인의 움직임에 의해
뒷바퀴에 연결된 뒤쪽 기어가 움직이는
오늘날과 같은 자전거가 발명된 거야.
앞바퀴는 방향을 조절하는 역할을 맡게 되었지.

페달을 밟으면 페달에 연결된 기어가 움직이네요.
이 기어는 자전거 바퀴보다 훨씬 작으니까
바퀴를 움직일 때보다 힘이 훨씬 덜 들어요.

이때 수학을 이용해 기어를 설계해야
부드럽고 효율적으로 움직이는 자전거를 만들 수 있어.
페달에 장착된 기어의 톱니 수와
뒷바퀴에 장착된 기어의 톱니 수의 관계가
1:2, 12:1 등 일정한 비가 되도록 만들어야 하는 거야.
이를 **'기어 비'** 라고 하지.
자전거뿐만 아니라 자동차는 물론 비행기 등
거의 모든 움직이는 기기에 기어가 사용돼.
이런 기어들 역시 정밀한 **수학을 이용해 설계해야**
부드럽고 효율적인 움직임을 만들 수 있어.

9
네가 어디 있는지
나는 다 알아!

엄마하고 시골 삼촌 댁에 가는 길이었어.
"왜 이렇게 졸리지?"
엄마의 말에 나는 기다렸다는 듯
오른쪽을 가리켰어.

우리 차가 휴게소로 막 들어갈 때였어.
갑자기 차가 흔들리면서 이상한 소음이 들리는 거야.
"어머, 갑자기 왜 이래?"
깜짝 놀란 엄마는 빈 곳에 서둘러 차를 세웠어.

15분이 채 안 걸려, 보험 회사에서 보낸 견인차가 왔어.
"아저씨, 우리가 여기 있는지 어떻게 알았어요?"
엄마가 우리 위치는 알려 준 것 같지 않았는데 신기하게도!
"네 어머니와 통화했던 보험 회사 상담원이 알려 줬지."

삼촌 댁에 다녀오자마자, 파이쌤께 달려갔지.
"도대체 우리가 그 휴게소에 있는지 어떻게 안 거예요?"
내 말을 다 들은 쌤이 씩 웃으셨어.
"자동차 보험 회사에 전화를 걸면,
'위치 정보'를 추적해도 되느냐고 물어.
이에 허락하면 보험 회사는 스마트폰의 위치를 추적해서
고객이 어디에 있는지 알아내는 거야."
나는 고개를 갸웃했어.
"스마트폰 위치?"

우리가 사용하는 스마트폰에는 대부분 '위치 추적 기능'이 있어.
덕분에 급한 사고가 발생했을 때
별도의 설명 없이도 나의 위치를 알려 줄 수 있지.
스마트폰의 위치 추적은 여러 방법으로 이뤄지는데,
대표적인 게 위성 위치 확인 시스템, 즉
GPS(Global Positioning System)를 이용하는 거야.
GPS는 인공위성을 이용해 위치를 파악해.

위성이 보낸 전파를 내 스마트폰이 수신한 뒤,
스마트폰이 다시 위성에 신호를 보내.

이 전파는 빛의 속도로 움직여. 그래서

위성 신호가 내 스마트폰에 도착한 시간에다 빛의 속도를 곱해 주면, 나와 위성 사이의 거리를 알 수 있어.

3개의 인공위성과
나의 거리를 반지름으로 하는
각각의 원을 그려 봐.
그러면 세 원이 만나는 한 점이 생겨!
이 점의 위치가 바로
스마트폰이 있는 위치지.

그런데 실제로는 평면 도형인 원이 아니라,
입체 도형인 '구'를 그려야 해.
우리가 사는 공간은 입체 도형인 구와 같은 3차원 공간이니까.

위성 2개로 위치를 추적하면, 두 개의 구가 맞닿는 부분에 스마트폰이 있다고 볼 수 있겠죠?

그렇지. 위성 3개로 위치를 추적하면 세 개의 구가 맞닿는 부분에 스마트폰이 있을 거야. 두 개의 접점 위 어느 한 곳에 있겠지.

하지만 위치를 찾는 데는 문제 없어.
두 점 가운데 하나는 지구에 닿아 있을 거고,
지구에 닿아 있는 점이 스마트폰이 있는 곳일 테니까!
그런데 GPS는 위의 위성 3개에다, 1개를 더 이용해.
위성과 스마트폰이 신호를 주고받는 데는 시간이 걸리겠지?

빛의 속도로 신호가 오가서, 정말 눈 깜짝할 사이인데 이 시간차 때문에 오류가 생길 때를 대비하는 거야.

내비게이션 역시 이와 같은 원리로
자동차의 위치를 파악하고 길 안내를 하는 거야.
스마트폰에 내비게이션, 더 나아가 인공위성까지
원이나 구를 그려서 위치 정보를 알 수 있다니, 정말 놀랍지?
물론 나와 인공위성까지의 거리를 계산하는 건 쉽지 않고
스마트폰이나 인공위성을 만드는 데는
정말 어려운 수학의 개념과 과학 기술이 필요하지.
하지만 최첨단 기술이나 발명품의 작동 원리가
항상 어려운 건 아니야. **수학적 원리**만 잘 알고 있다면!

10
🌏우주는 어떤 모양일까?🪐

마젤란 알아? 16세기 탐험가 말이야.

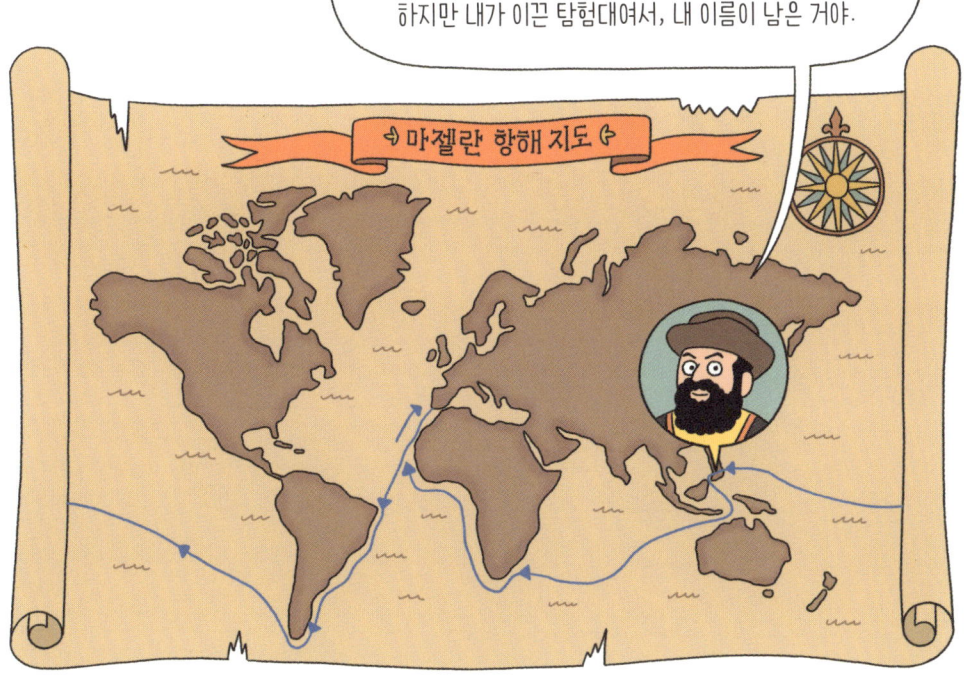

'마젤란의 탐험으로 지구가 둥글다는 것이 증명되었다.'
내가 이 부분을 읽었을 때였어.
엄마가 내 방문을 살짝 열어 보더니, 금세 다시 닫는 거야.
'어디 가시려나?' 하는데,
조금 있다가 다시 방문이 열리더라.

그런데 도넛을 보자 이런 생각이 들었어.
"한 바퀴 돌아서 원래 자리로 돌아왔다고,
지구가 꼭 공 모양이라고 할 수 있나?"
나는 도넛을 들고 생각했지.

"네가 그걸 발견했다니!"
파이쌤은 감격스러운 목소리로 말을 이으셨어.
"물론 지구는 둥글어.
우주에서 지구가 공 모양인 것도 확인했으니,
딴소리를 할 수 없지. 하지만 네 말처럼, 지표면 위에서는
지구가 공 모양인지 도넛 모양인지 알 수 없어.
그럼, 우주의 모양은 어떻게 확인할 수 있을까?
우주 밖으로 나가 보면 알 수 있겠지만, 그럴 수 없잖아?"
나는 고개를 끄덕이며 눈을 깜빡였어.
"하지만 우주 밖으로 나가지 않아도,
우주 모양을 알 방법이 있어."

곡선 중에 **폐곡선**이라고 있어.
시작점과 끝점이 일치하는 곡선이지.
어떤 형태의 폐곡선이라고 해도
자꾸자꾸 줄이면, 하나의 **점**이 될 수 있어.

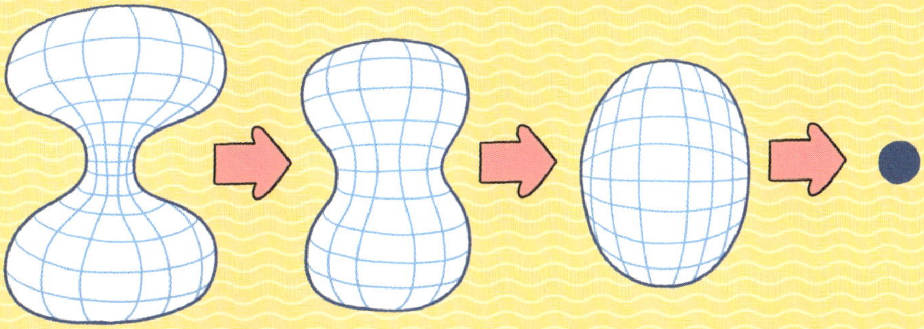

그러네!

앙리 푸앵카레(1854~1912년)라는 수학자가 있었어.
수학뿐만 아니라 물리학에도 크게 기여한 엄청난 천재였지.
그런데 푸앵카레는 이런 추측을 했어.
"어떤 닫힌 3차원 공간에서 모든 폐곡선이 수축돼서
하나의 점이 될 수 있다면,
이 공간은 반드시 **원구로 변형**될 수 있다."
무슨 말인지 모르겠다고?
아래 그림을 보면 이해가 갈 거야.

후~

커다란 비눗방울을 생각해 봐.
비눗방울의 모양이 다 다른 것처럼
보이지만, 모든 비눗방울은
공과 같은 모양이 될 수 있어.
이는 비눗방울 안에서는
어떤 폐곡선이든 수축해 하나의 점이
될 수 있음을 의미하기도 해.

이 **현상을 우주에 대입**해 봐!

지구에서 우주선에 끈을 단 뒤 발사해서
우주를 한 바퀴 돌아 다시 지구로 돌아왔다고 상상하는 거야.
만약 그 줄을 당겨 하나의 점이 된다면?
우주는 비눗방울처럼 공과 같은 모양이 될 수 있는 공간이야.
그런데 그 줄을 당겨 하나의 점이 되지 않는다면,
우주는 공과 다른 모양일 거야!

우주선에 매달았던 끈은 우주가 공 모양일 때는 한 점이 될 수 있지만, 도넛 모양일 때는 한 점이 될 수 없네요!

우주는 위와 같은 모양일 수도 있어. 어떤 경우이건, 우주선에 매달았던 끈은 한 점이 될 수 없겠지?

2002년, 러시아의 수학자 그리고리 페렐만(1966년~)이
푸앵카레의 추측을 수학적으로 증명했어.
100여 년 간 증명하지 못한 세기의 난제를!
그래서 *21세기 수학에 기여할 수 있는 7가지 문제로
선정되고 증명한 사람에게 상금 100만 달러를 지급한다는
포상까지 내걸었던 중요한 문제가 해결된 거야.
덕분에 우리는 우주 밖으로 나가지 않고도
우주의 모양을 짐작할 수 있게 됐지!
이처럼 수학을 이용하면,
우주 밖으로 나가지 않고도 우주 모양을 발견할 수 있어!

교과 연계가 궁금해요

목차	파이쌤이 알려 주마!	교과 연계
1. 연필이 다시 보여!	연필이 육각기둥인 이유	6학년 각기둥과 각뿔
2. 타이어가 다 거기서 거기지!	우리는 수학을 탄다!	5학년 합동과 대칭
3. 병뚜껑의 비밀	병뚜껑에 담긴 21과 삼각형	4학년 삼각형, 다각형 5학년 약수와 배수
4. 지도가 왜 이래?	수학 없인 못 그릴 지도!	6학년 비와 비율
5. 스파게티에 필요한 수학 한 스푼!	요리는 위대한 발명	5학년 다각형의 둘레와 넓이
6. 다음엔 초록불, 그다음엔 좌회전!	복잡한 신호등도 수학이 해결사!	4학년 규칙 찾기 5학년 평균과 가능성
7. 자율 학습을 15분 일찍 끝내는 방법	시계는 수학이 발명했어!	2학년 시각과 시간
8. 자전거에 뭐가 빠졌을까?	수학을 장착한 자전거!	6학년 비와 비율 6학년 비례식과 비례 배분
9. 네가 어디 있는지 나는 다 알아!	위치는 수학이 잘 찾아!	3학년 원 6학년 원기둥, 원뿔, 구
10. 우주는 어떤 모양일까?	우주 탐험가, 수학!	6학년 공간과 입체

메소포타미아 (37쪽)

'강 사이 땅'이라는 뜻으로, 오늘날 이라크의 티그리스-유프라테스강 사이 지역을 이르는 말이야. 비옥한 초승달 지대라고도 하는데, 땅이 농사짓기에 알맞아서 인류가 최초로 정착해서 농경 생활을 시작한 곳이야. 인류 최초의 문명인 수메르 문명 역시 이곳에서 일어났고, 바빌로니아와 아시리아 제국이 이 지역에서 번성했지. 일찍부터 수학, 천문학 등이 발달한 곳이야. 지금 우리가 쓰는 60진법도 메소포타미아 문명에서 비롯됐어.

가스등 (53쪽)

글자 그대로 가스를 이용한 램프야. 19세기 후반부터 가로등으로 널리 쓰였어. 당시에는 석탄 가스를 주로 이용했다고 해. 가스등은 관리인이 따로 있었어. 어둠이 깔리면 관리인이 자신이 맡은 지역을 돌면서 가스등의 가스 밸브를 열어 점화하고, 날이 밝으면 다시 가스 밸브 닫기를 반복했어. 하지만 가스등의 역사는 그리 길지 않았어. 20세기 들어 전기 시스템이 발전되면서, 전기등으로 대체됐거든.

세슘 (64쪽)

원자 번호 55인 알칼리 금속 원소야. 1860년, 로베르트 분젠과 구스타프 키르히호프가 분광기로 처음 발견했는데, 스펙트럼에서 독특한 청색 선이 나타났어. 라틴어로 '청회색, 푸른 하늘색'을 Caesius라고 하는데, 여기서 세슘(Cesium)이라는 이름이 나왔지. 금속이지만 녹는점이 낮아서 따뜻한 곳에서는 액체 상태로 존재해. 세슘은 원자 시계 외에도 텔레비전, 야간 투시 장치 등에도 쓰여.